David Beer

George Herbert Mead

Biographie und Grundannahmen des soziologischen Klassikers

GRIN Verlag

Bibliografische Information der Deutschen Nationalbibliothek:

Die Deutsche Bibliothek verzeichnet diese Publikation in der Deutschen National-
bibliografie; detaillierte bibliografische Daten sind im Internet über http://dnb.d-
nb.de/ abrufbar.

Dieses Werk sowie alle darin enthaltenen einzelnen Beiträge und Abbildungen
sind urheberrechtlich geschützt. Jede Verwertung, die nicht ausdrücklich vom
Urheberrechtsschutz zugelassen ist, bedarf der vorherigen Zustimmung des Verla-
ges. Das gilt insbesondere für Vervielfältigungen, Bearbeitungen, Übersetzungen,
Mikroverfilmungen, Auswertungen durch Datenbanken und für die Einspeicherung
und Verarbeitung in elektronische Systeme. Alle Rechte, auch die des auszugsweisen
Nachdrucks, der fotomechanischen Wiedergabe (einschließlich Mikrokopie) sowie
der Auswertung durch Datenbanken oder ähnliche Einrichtungen, vorbehalten.

Impressum:

Copyright © 2008 GRIN Verlag GmbH
Druck und Bindung: Books on Demand GmbH, Norderstedt Germany
ISBN: 978-3-640-64295-3

Dieses Buch bei GRIN:

http://www.grin.com/de/e-book/152360/george-herbert-mead

GRIN - Your knowledge has value

Der GRIN Verlag publiziert seit 1998 wissenschaftliche Arbeiten von Studenten, Hochschullehrern und anderen Akademikern als eBook und gedrucktes Buch. Die Verlagswebsite www.grin.com ist die ideale Plattform zur Veröffentlichung von Hausarbeiten, Abschlussarbeiten, wissenschaftlichen Aufsätzen, Dissertationen und Fachbüchern.

Besuchen Sie uns im Internet:

http://www.grin.com/

http://www.facebook.com/grincom

http://www.twitter.com/grin_com

Hausarbeit zum Thema:

Georg Herbert Mead

GLIEDERUNG

1. Einleitung

2. Grundannahmen

3. Gegensatz von "Ich" und "ICH"

4. Das Wirken der Identität

5. Entstehung der Gesellschaft

6. „Geist, Identität und Gesellschaft" am Beispiel ehemaliger DDR Bürger

7. Fazit

8. Literaturangaben

1. Einleitung

1.1 Zur Person Georg Herbert Mead

George Herbert Mead wurde am 27.2.1863 in South Hadley, Massachusetts als Sohn des protestantischen Pfarrers Hiram Mead und dessen Ehefrau Elizabeth Storr Billings geboren. Nachdem sein Vater ab 1870 am Oberlin College in Ohio als Professor für Geschichte und Theorien der Predigt wirkte, wuchs der noch kleine G. H. Mead in diesem Umfeld auf und wurde 1879 selbst ein Schüler dieses College, das zu einem Zentrum der damaligen heftigen Auseinandersetzung zwischen Theologie und Wissenschaft wurde. Erstmals wurde bei Mead das kirchliche Dogma seines Elternhauses erschüttert. Nur zwei Jahre später starb sein Vater, so dass sich Mead vorerst um seinen Lebensunterhalt kümmern musste. Nachdem er 1883 seine Ausbildung am Oberlin College beendete, arbeitete er kurzfristig als Lehrer und anschließend als Vermessungsingenieur im Eisenbahnbau, was ihm viele Erfahrungen brachte.

Die nächste Etappe seines Lebens führte ihn an die Harvard Universität, wo er im Wintersemester 1887 sein Studium der Philosophie und Psychologie begann. Während er hauptsächlich von Palmer unterrichtet wurde, fühlte sich Mead vor allem von dem christlichen Neuhegelianer Josiah Royce angezogen.

Ein Jahr später spezialisierte er sich auf die physiologische Psychologie innerhalb der Philosophie, um vor Konflikten mit dem kirchlichen Dogma auszuweichen, da die Kirche einen erheblichen Einfluss auf das höhere Bildungswesen hatte.

Mit Hilfe eines Stipendiums studierte er das Wintersemester 1888/89 an der Universität Leipzig, an der er den Psychologen Wilhelm Wundt kennenlernte, und schon ein Semester darauf in Berlin. Nach Forschungen Hans Joas war er Student von Ebbinghaus, Paulsen, Schmoller und Dilthey, bei dem er seine Dissertation plante.

Am 1. Oktober 1891 heirate er die Schwester seines Freundes, Henry Northrup Castle, Helen Castle. Kurz darauf nahm er, ohne seine Dissertation abgeschlossen zu haben, eine Stelle für Psychologie an der Universität von Michigan in Ann Arbor an und kehrte somit in die USA zurück. Er hatte sich allerdings mit diesem Entschluss drei Ziele gesetzt.

Erstens wollte er sich politisch als Sozialist einsetzen, zweitens seine Dissertation abschließen und drittens an einer Psychologie, die die frühe moralische Entwicklung des Kindes betrifft, arbeiten.

Erstmals begann er an dieser Universität mit einer praktisch experimental-psychologischen Arbeit. So widmete er sich z.B. dem Problem der Aufmerksamkeit und dem Verhältnis von Druck- und Temperaturwahrnehmung. Besonders wichtig war jedoch seine fruchtbare Freundschaft zu John Dewey, die hier begann und bis zu seinem Lebensende andauern sollte.

Dewey wurde 1894 an die Universität von Chicago berufen, wo er den Vorstand der Abteilung für Philosophie und Psychologie übernahm. Mead folgte ihm als sein Assistenzprofessor, so dass er nun in das Umfeld dieser erst vier Jahre vorher gegründeten Universität geriet.

Diese Universität sollte sich vorrangig mit der wissenschaftlichen Behandlung kommunaler Fragen einer sich schnell entwickelnden Metropole befassen.

Neben der wissenschaftlichen Tätigkeit an der Universität war Mead jedoch auch stark anderweitig engagiert. So war er Schatzmeister beim Hull House, einem der ersten Versuche von moderner Sozialarbeit, kämpfte für Frauenrechte und für eine Reform des Jugendstrafrechts und war Vorsitzender des Komitees für Probleme der Erziehung.

Lange Jahre war er Mitglied beim City-Club, einer Vereinigung von Intellektuellen, die für Reformen eintraten, und Unternehmern mit politischem Einfluss.

Im Bereich der Erziehung wirkte er vor allem als Herausgeber der Zeitung "Elementary School Teacher", als Präsident des Kuratoriums einer Versuchsschule für verhaltensgestörte Kinder und durch seine Arbeit an der Versuchsschule an der Universität von Chicago.

Während des I. Weltkrieges widmete er sich im Wesentlichen den Grundlagen des Militarismus. Nachdem er fast 40 Jahre an der Universität von Chicago war und dessen Verlassen plante, starb er am 26.4.1931 im Alter von 68 Jahren als ein fast unbekannter Wissenschaftler.[1]

---

[1] vgl. H. Joas: George Herbert Mead, in: Dirk Käsler (Hrsg.): Klassiker des soziologischen Denkens, Münche 1978, S.10-16, vgl. auch Harald Wenzel: George Herbert Mead zur Einführung, Hamburg 1990, S. 17-26.

Als Philosoph war er ein Pragmatiker[2], der sich auf Charles Darwin mit einem pragmatischen Glauben an die Vernunft stützte.

Er war es, der den Versuch einer Begründung einer bis dahin neuen Sozialpsychologie[3] startete und mit diesen Arbeiten und Auffassungen als einer der Klassiker der Soziologie gilt.

In der Literatur ist häufig zu finden, dass Mead zur Schule des "symbolischen Interaktionismus" oder "Sozialbehaviorismus"[4] gehörte.[5] Dies beruht jedoch auf dem Missverständnis, das daraus folgt, dass sich Mead selbst als den wahren Behavioristen sah, als dieser Begriff noch nicht fest definiert war. Seine Vorstellung des Behaviorismus war, inwieweit sich aus dem äußerlich sichtbaren Verhalten das Innerliche entwickelt. Watson setzte sich jedoch mit seiner Auffassung durch, woraus das heutige Verständnis dieser Denkrichtung herrührt. Daher schlägt Hans Joas vor, ihn als konsequent intersubjektivistischen[6] Pragmatiker zu sehen.[7]

Meads Pragmatismus gründet sich auf Ch. Wright, Peirce, W. James und seinem Freund Dewey, die sich zeit ihres Lebens wissenschaftlich ausgetauscht und beeinflusst haben. Gleichzeitig wurde er in seinem Denken von seinem Aufenthalt in Deutschland beeinflusst.[8]

---

[2] Der Pragmatismus ist eine "...Bezeichnung für eine vor allem von amerikanischen Philosophen Peirce, Dewey und James entwickelte Weltanschauung und Erkenntnislehre, nach den Denkvorgängen, Begriffe, Urteile nur nach Ihrem Nutzen für das Handeln, die Lebenspraxis bewertet werden können." Fuchs/ Klima/ Lautmann, a.a.O., S.513.

[3] Das neue an Meads Sozialpsychologie ist sein Ansatz nicht beim Individuum wie bisher, sondern bei der Gesellschaft unter dem Gesichtspunkt der Kommunikation und Interaktion, welche primär sind. Vgl. Mitschriften des Seminars: George Herbert Mead, bei Prof. H. Joas im SoSe 1998.

[4] Der Behaviorismus ist eine "... psychologische Richtung, die fordert, dass die Psychologie als strengerfahrungswissenschaftliche Disziplin Aussagen nur über das äußerlich sichtbare Verhalten (engl.: behavior) zumachen hat." Fuchs/ Klima/ Lautmann, a.a.O., S. 84.

[5] vgl. Joas, a.a.O., S. 7.

[6] Intersubjektivität bedeutet die "... Nachprüfbarkeit wissenschaftlicher Feststellungen, insbesondere solcher, die über den empirischen Gehalt einer Theorie entscheiden sollen, durch andere Wissenschaftler oder Personen unter angegebenen Beobachtungsbedingungen. Die I. soll die Objektivität wissenschaftlicher Aussagen gewährleisten." Fuchs/ Klima/ Lautmann, a.a.O., S. 316.

[7] vgl. Joas, a.a.O., S. 7f, vgl.

[8] vgl. Joas, a.a.O., S. 16.

Mead hatte zeitlebens kein einziges Buch publiziert. Seine Bücher wurden von seinen Studenten mittels ihrer eigenen Notizen zur Vorlesung über Sozialpsychologie, die Mead an der Universität von Chicago seit 1900 hielt, oder durch seine eigenen Manuskripte und unveröffentlichten Schriften posthum veröffentlicht. [9] Mead beschäftigte sich mit drei Gebieten, der Sozialpsychologie und Sozialphilosophie, der Ideengeschichte und dem systematischen Pragmatismus.

Viele Arbeiten wurden jedoch auf dem Gebiet der Sozialpsychologie veröffentlicht. [10] Seine Hauptwerke sind "Mind, Self and Society", das als Klassiker der Sozialpsychologie gilt, "The Philosophy of the Present", "The Philosophie of the Act", "Movements of Thought in the Nineteenth Century" und "Philosophie der Sozialität". [11] Ab dem Jahre 1939 begannen viele Soziologen sein Werk mit dem Interesse auf seinen Sozialisierungsprozess zu lesen. Damit begann Mead in die Hauptströmung soziologischen Denkens einzufließen. Er wurde schon bald als *der* Sozialpsychologe gesehen, ein Ruhm, den er zu Lebzeiten nie erreicht hatte. [12]

1.2 Mead und der Behaviorismus

Beim Behaviorismus[13] handelt es sich um einen der ältesten lernpsychologischen Ansätze. Grundlegend für diese Denkschule ist der Verzicht auf jegliche Annahmen oder Hypothesen über innerpsychische oder kognitive Prozesse. Im Behaviorismus gilt das Gehirn als Black-Box, das einen Input erhält und aufgrund dessen mit einer Reaktion antwortet. Es werden lediglich Beziehungen zwischen Reizen (also dem Input der Umgebung, auch Stimuli genannt) und Reaktionen (also dem Verhalten, teils in Form von Reflexen) betrachtet und zueinander in Beziehung gesetzt.

---

[9] vgl. G. H. Mead: Sozialpsychologie, eingeleitet und herausgegeben von Anselm Strauss, Neuwied am Rhein/Berlin 1969, S. 11-14.

[10] vgl. G. H. Mead: Geist, Identität und Gesellschaft, von Charles W. Morris, Frankfurt am Main 1968, S. 9.

[11] vgl. Mead: Sozialpsychologie, a.a.O., S. 14

[12] vgl. ebd., S. 16.

[13] abgeleitet von Amerikanisch-Englisch *Behavior*, Verhalten

Begriffe wie "Verständnis", "Einsicht" oder "Vorausplanung" waren für orthodoxe Behavioristen Tabu, da es sich dabei um kein beobachtbares Verhalten handelt. Damit steht der Behaviorismus im krassen Gegensatz zu der in etwa zeitgleich aufkommenden Psychoanalyse."[14] Mead baut seine Theorie auf den Begriffen des Behaviorismus auf, löst sich jedoch auch von ihnen und entwickelt sie weiter. Auch er setzt beim Aufbau seiner Theorie an den Begriffen Reiz und Reaktionen. Was Mead sucht ist ein Reiz, der in der Lage ist den gleichen Reiz in einem anderen auszulösen. Die vokale Geste verfügt über diese Fähigkeit. In dem wir etwas sagen, lösen wir in uns auch die Reaktion aus die ein anderer auf unser Gesagtes hat. Wir sind also durch die vokale Geste in der Lage, auf die eigenen Reize zu reagieren wie es andere tun. Bei der vokalen Geste ist der Sinn des Gesagten immer präsent. Unter vokaler Geste versteht Mead nicht nur Sprache sondern auch Schrift

2. Grundannahmen

Der Begriff der vokalen Geste legt schon zwei darauf logisch folgende Begriffe nahe. Wenn die Basis der Überlegungen Meads eine Geste ist, bedeutet dies auch, das etwas die Geste senden und etwas anderes die Geste empfangen muss. Es geht also um den Prozess zwischen einem Sender und einem Empfänger. Diese werden bei Mead mit den Begriffen Ego („I") und Alter(„me") belegt. Ego bedeutet im lateinischen "Ich". "Ich" steht in einer Situation Alter gegenüber, in Deutsch "ein Anderer oder der Andere"("ICH"). Gemeint ist bei Mead aber nicht nur ein konkreter Anderer, sondern auch ein generalisierter Anderer, unter ihm versteht Mead, die Summe der Erwartungen, und Haltungen die dem Ego gegenüber treten. Alter ist also immer das, was Ego gegenübersteht, an ihn Erwartungen richtet, aber an das auch von Ego Erwartungen gerichtet werden.[15] Meads Ansatz ist der Prozess der Interaktion zwischen minimal zwei Personen. In ihm sieht er die Basis der Entstehung für Identität und Gesellschaft. Dies

---

[14] vgl. J. Watson: Psychology from the standpoint of a behaviorist

[15] vgl. Mead S. 20ff

bedeutet, dass die Sozialisation eines Menschen ein gesellschaftlicher Prozess ist, da für Interaktion mindestens 2 Personen (Ego und Alter) nötig sind.[16]

Interaktion ist als ein Abtastungsprozess zu verstehen. Subjekt A wird mit Erwartungen und Normen von Subjekt B konfrontiert. Beide müssen im Interaktionsprozess die Normen und Erwartungen des anderen erkennen und verarbeiten. Hieraus müssen sie dann eine Reaktion entwickeln die für den Anderen wieder zum Reiz wird. Mead beschreibt hier einen idealisierten Interaktionsprozess, in dem beide Interaktionspartner ohne hierarchische Strukturen und institutionalisierte Regeln oder Normen gleichgestellt sind. Er versucht nicht, reale Interaktionssituationen zu verstehen, sondern konstruiert in einer Kette logischer Schlussfolgerungen, die beim Behaviorismus und Reiz- Reaktionsmustern ansetzen, fast einen "mathematischen Beweis", der zu einem Modell der Wechselseitigkeit von vokalen Gesten und der gegenseitigen Internalisierung von Erwartungen und Haltungen wird, die wieder zu Reaktionen führen.

3. Gegensatz von "Ich" und "ICH"

Nach ersten einleitenden Ansätzen versucht Mead das "Ich" vom "ICH" zu trennen. Er sagt, dass wenn wir uns in Bezug auf die Gesellschaft definieren, dies in Bezug auf ein "Ich" geschieht, dieses "Ich" jedoch klar vom "ICH" zu trennen ist. Beide sind Teil der Identität, jedoch nicht wie dies bei der Trennung von positiven und negativen Zügen der Fall ist. Wenn wir einen von diesen hervorheben betrachten wir ihn als ein "ICH". Wir stellen ihn uns gegenüber und betrachten ihn. Indem man die Haltungen anderer übernimmt, man sie verinnerlicht stehen sie als ein "ICH" dem Einzelnen gegenüber. Die Reaktion darauf geschieht als "Ich". Beide stehen in einer Wechselwirkung miteinander. Das "ICH" ist die Vorgabe auf die dass "Ich" reagieren muss. Diese stattgefundene Reaktion fließt nun in das neue "ICH" als Erinnerung und Erfahrung mit ein. Mead sagt,

---

[16] vgl. Mead, S. 207

dass es erst durch das Vorhandensein beider Phasen der Identität es möglich ist, bewusste Verantwortung zu übernehmen und neue Erfahrungen zu machen.[17]

3.1 Definition des "ICH" (ME)

Das "ICH", welches im englischen Originaltext als "me" bezeichnet wird, ist wie oben schon angeschnitten dass, was uns objektiv gegenüber tritt. Im "ICH" liegen die von den anderen übernommenen Haltungen. Das Individuum ist sich diesen Haltungen bewusst. Bewusstsein heißt für Mead das Auslösen von Haltungen der anderen in uns selbst. Mead trennt hier sehr scharf Haltungen von Gewohnheiten, die auf einer unbewussten Identitätsebene bleiben.[18] Er sagt, dass nur die Haltungen in unsere bewusste Identität eindringen. Indem wir die Haltungen der Anderen in uns auslösen, entwickelt sich aus diesen eine organisierte Gruppe von Haltungen. Diese organisierten Haltungen sind uns bewusst. Man weiß was andere in einer bestimmten Situation erwarten. Man kennt die Folgen einer möglichen Handlung.

Dieses "ICH" ist von seine Struktur her etwas Vorhandenes, eine Basis, die die Forderung nach einer Reaktion auf die Haltungen der Anderen stellt. Ein weiterer Teil dieses "ICH" ist das "historische Ich". Wie schon oben gesagt, reagiert das "Ich" auf ein "ICH". Wenn wir nun etwas tun, zum Beispiel einen Ball werfen oder etwas sagen, können wir uns an das Getane oder Gesagte erinnern. Hierdurch wird das "Ich", das zum Beispiel darauf reagiert das jemand sagte, "wirf mir den Ball zu", zu einem "ICH". Durch die Erinnerung ist das "ich" bewusst. Allerdings nur das vergangene "Ich".[19] Das "Ich", an welches man sich als Erfahrung erinnert, muss jedoch tatsächlich abgelaufen sein. In der Gegenwart stellt man sich zwar auch Dinge aus der Zukunft vor und hat Erwartungshaltungen an jemanden, zum Beispiel wenn man eine Frage stellt und sich die Antwort vorstellt. Jedoch nur das wirklich Gesagte oder Getane fließt als Erfahrung in das "ICH" ein.

---

[17] vgl. Mead S. 221

[18] vgl. Mead S. 205

[19] vgl. Mead S. 217f

Das " ICH " ist immer etwas Gegebenes und daher auch Bestimmtes, es umfasst die organisierten Haltungen der anderen und unsere Erinnerungen und Erfahrungen. Es entsteht durch die Internalisierung der Haltungen anderer und durch die Erinnerung an ein "Ich". Es steht uns, indem wir die Haltungen der anderen in uns auslösen und durchdenken, objektiv gegenüber. Das "ICH" wird zum Objekt unserer Überlegungen.

3.2 Definition des „Ich" (I)

Der andere Teil der Identität, der im englischen Originaltext als "I" und in der deutschen Übersetzung als „Ich" bezeichnet wird, ist der Teil der Identität, der auf das gegebene „ICH" (im Englischen als „me" bezeichnet) reagiert.
Zur besseren Verständlichkeit bietet sich an die Originalbegriffe zu verwenden. Das "I" ist in vielen Dingen dem „me" entgegengesetzt. Es ist, nach Mead, eine Reaktion auf das „me". Als Reaktion ist es ein Bestandteil der Gegenwart mit einem Schritt in die Zukunft, während das „me" als etwas Gegebenes ein Teil der Vergangenheit in der Gegenwart ist. In der ständigen Zukünftigkeit des „I" liegt auch der Grund warum man es nicht erfassen kann.[20]
Indem man als „I" reagiert, ist es geschehen, also ist es schon ein Teil der Vergangenheit. An die Vergangenheit kann man sich erinnern, damit ist das „I" schon ein Teil des „me". Da man das „I" nicht erfassen kann, es nicht wie es beim „me" möglich ist, es zu durchdenken kann, bleibt es etwas Subjektives. Nur in der Erinnerung als historische Figur wird es zum Objekt des Denkens. So wie das „me" etwas Gegebenes und Berechenbares ist, ist das „I" etwas Aufgegebenes, etwas was zu tun ist und dadurch, dass es noch nicht geschehen ist, auch etwas Unberechenbares. Die Unberechenbarkeit einer Aktion durch das „I" ist sicher von der jeweiligen Situation abhängig und es mag Situationen geben die auf Grund von Institutionalisierung über eine hohe Berechenbarkeit des Verhaltens verfügen.[21] Trotzdem gibt es keine 100% Sicherheit. Durch die Unbestimmtheit der Reaktion ergibt sich, dass das „I" die Quelle

---

[20] vgl. Mead S. 217

[21] vgl. Mead S. 210

von etwas Neuem ist. Die Reaktion war vorher nicht in der durchgeführten Form im „Me" präsent, sie ist erst in dem Moment in dem sie ausgeübt wurde entstanden. Dies bringt mit sich, dass erst hieraus neue Erfahrungen entstehen können. Bei einer 1:1 Umsetzung der Haltungen in eine Reaktion wäre dies nicht möglich. Im „I" liegt die Spontanität und die Originalität von Verhalten begründet.

Zum Beispiel wird von mir erwartet, dass ich den Ball meinen Mitspielern zuwerfe, doch wie ich es tue und ob, ergibt sich erst aus einem Prozess des Abwägens und Überlegens, des Einnehmen der Haltungen der anderen. Das Ergebnis hieraus ist mehr oder weniger.[22] An diesem Punkt wird deutlich, dass es bei dieser Beschreibung der Identität nicht um Gewohnheiten und glatt ablaufende Handlungen geht sondern um Probleme mit denen man sich bewusst auseinandersetzen muss. Deutlich wird dies auch dadurch, dass Mead diese Beschaffenheit der Identität als die Voraussetzung für bewusste Verantwortung bezeichnet.[23]

4. Das Wirken der Identität

Wie deutlich wurde, ist der Identitätsbegriff geprägt von einer ständigen Wechselwirkung des „I" und dem „me". Es handelt sich also nicht um etwas gegebenes, sondern um einen Prozess.

Dieser Prozess besteht aus der Vermittlung von Gesten innerhalb eines Einzelnen. Dieser, in das Individuum hereingenommene Prozess, in dem die Haltungen der anderen den Haltungen des Einzelnen gegenübergestellt werden und so eine Reaktion produziert wird, ist Teil der gesellschaftlichen Organisation.

Diese Organisation der Gesellschaft, wird durch ihre Verinnerlichung, zum Geist des Einzelnen.[24] Die Verbindung des eigenen Organismus mit den anderen, die Verinnerlichung im Dialog von „me" und „I", führt zur Identität. Was ergibt sich aber aus so einer Identitätskonstruktion?

---

[22] vgl. Mead S. 221

[23] vgl. Mead S. 221

[24] vgl. Mead S. 222

Nach Mead bietet die Möglichkeit der Hereinnahme der Haltungen der anderen, die Chance, Handeln besser zu koordinieren, zum Beispiel ist das Individuum in der Lage sich verschiedene Szenarien zu entwickeln und durchzuspielen. Außerdem wird es für den Einzelnen möglich, effektiver auf den gesellschaftlichen Prozess einzuwirken und ihn mitzubestimmen.

Man kann es mit einem Schachspiel vergleichen. Je besser man in der Lage ist, die Haltung seines Gegenübers zu verinnerlichen, desto wahrscheinlicher ist es die Zugmöglichkeiten zu bedenken und desto besser ist man in der Lage die kommenden Züge zu koordinieren, desweiteren besteht gleichzeitig die Möglichkeit auch die Züge des Gegners, durch dieses Verhalten zu beeinflussen. An diesem Beispiel wird auch die Prozesshaftigkeit der Identität deutlich. Es muss möglich sein, die Haltung der anderen durch die Haltung des Einzelnen gegenüber den Reizen der anderen zu ändern. Haltungen müssen änderbar sein. Dies geschieht dadurch, dass man ständig auf die Haltungen der anderen reagiert, und zwar durch den Dialog zwischen „me" und „I" auf eine originäre Art und Weise. Eine Reaktion kann die Haltung der anderen verändern.

Die Möglichkeit der Veränderung der Gesellschaft liegt also in der Fähigkeit der Hereinnahme der Haltungen der Gesellschaft in den Denkprozess. Nach Mead liegt hier auch die Basis der Ideen. Durch das Schaffen von Situationen im Denken, entwickelt man Ideen wie man auf die Situationen reagieren könne. Beim Schachspiel entwickelt man die Idee einer Zugkombination die der Gegenspieler anwenden könnte. Die Idee ist also eine Antwort auf die gestellte gesellschaftliche Forderung.[25]

Wichtig und Einleuchtend ist hier der Unterschied zum Tier.

Der Hund, der sich in Angriffsposition bringt, tut dies tatsächlich, ebenso bringt der andere Hund sich tatsächlich in Verteidigungsposition. Ein Mensch, der im Affekt seinem Nachbarn den Schädel einschlägt weil der ihn beleidigt hat, hat keine Ideen entwickelt, er reagiert ohne Reflexion auf einen Reiz. Der Mensch aber, der vielleicht auch nur kurz darüber nachdenkt, wie er seinen Nachbarn um töten kann entwickelt eine Idee. Er stößt ihn zum Beispiel wenn keiner hinsieht die Treppe runter, damit es wie ein Unfall

---

[25] vgl. Mead S. 223

aussieht. Der qualitative Unterschied wird auch in der unterschiedlichen juristischen Bewertung von Totschlag im Affekt und Mord sichtbar.

Mead macht hieran noch einmal den Unterschied zwischen einem Symbol und einem signifikanten Symbol deutlich. Ein Symbol ist ein Reiz mit dem eine bestimmte Reaktion verbunden ist. Falls aber die Reaktion ein Teil einer kontrollierenden Haltung sein kann, ist, wie Mead sagt, die Beziehung zwischen diesem Reiz und der Reaktion ein signifikantes Symbol.[26]

4.2 Der Denkprozess als Spiel der Symbole

Gesten lösen in unseren Haltungen Reaktionen aus, diese lösen wiederum neue Haltungen aus. Der Sinn der sich, wie Mead im 11. Kapitel erläutert, aus der Geste von A und der darauf folgenden Reaktion von B konstituiert, wird selbst zu einem Symbol mit einem eigenen Sinn. Der Sinn löst als Reiz eine neue Reaktion aus.

Es läuft also eine Art Kettenreaktion ab. Über diesen ständigen Wechsel von einer Reaktion, die einen Sinn enthält der zum Reiz für eine neue Reaktion wird, wird es möglich, Situationen zu verändern und erfolgreich gesellschaftliche Handlungen zu vollenden.[27]

Dieses ständige Wechselspiel macht Mead nun noch einmal an den Begriffen „me" und „I" deutlich. Das „me" repräsentiert die gesellschaftliche Situation in der wir leben Es umfasst die uns umgebende Welt soweit wir sie in uns hereingenommen haben. Wir sind in unseren Denkprozessen auf dieses „me" hin ausgerichtet. Dadurch werden wir ein Teil der gesellschaftlichen Strömungen und Prozesse.

---

[26] vgl. Mead S. 224

[27] vgl. Mead S. 225

5. Die Entstehung der Gesellschaft

Der gesellschaftliche Prozess muss nach Mead vor der Identität und dem Geist entstanden sein. [28] Mead zeichnet eine Art Kausalkette, die sich durch die Definitionen der zentralen Begriffe gut verfolgen lässt.

Er beginnt seine Kette mit der Geste. Die Geste ist für ihn die Basis alle Interaktion. Aber erst die vokale Geste gibt uns nach Mead die Möglichkeit der Kommunikation, da der Mensch erst durch sie in die Lage versetzt werden in uns das selbe auszulösen wie in anderen. Durch vokale Gesten lösen wir in uns die Reaktionen aus, die wir in anderen auslösen und nehmen daher die Haltung der anderen in unser Verhalten hinein. [29]

Aus dieser Fähigkeit der Hereinnahme der Haltungen der anderen, der einen umgebenden relevanten gesellschaftlichen Situation, entwickelt sich nach Mead erst die Identität. Er beschreibt sie als eine Struktur von Haltungen, die einer Gruppe gemeinsam sind. [30]

Erst in Beziehung zu anderen entwickelt sich Identität. Eine Gruppe setzt aber gewisse kooperative Tätigkeiten voraus. Es muss also schon einen gesellschaftlichen Prozess vor der Identität geben. Geist und Identität lassen sich bei Mead schwer trennen. Beide sind durch die Hereinnahme der gesellschaftlichen Situation bedingt. Mead ordnet dem Geist den Begriff der Reflexionsfähigkeit zu. Geist ist vorhanden, wenn eine Situation durchdacht wird, wenn es kontrollierende Handlungen im Individuum gibt. Geist gehört zur Identität, er ist eine Art Charakterzug der Identität.

Mead führt in diesem Zusammenhang das Beispiel des Parteiangehörigen an. Indem sich der Parteiangehörige mit seiner Partei identifiziert und deren Haltungen in sich aufnimmt, tritt er mit der Haltung des "ICH" der restlichen Gesellschaft gegenüber und vertritt seine Haltungen und damit die der Partei. Er steht für seine Partei ein, dessen Haltungen er nicht als von einzelnen Individuen sieht, sondern als organisierte Haltungen des "ICH". Als dieser Parteiangehörige tritt er in gesellschaftliche Beziehungen innerhalb der Partei, wie auch in gesellschaftliche Beziehungen mit

---

[28] vgl. Mead S. 230

[29] vgl. Mead S. 108

[30] vgl. Mead S. 205

verschiedenen Gruppen anderer Haltungen. Anhand dieses Beispiels wird ersichtlich, dass der Einzelne die Haltungen der Gesellschaft in seine Erfahrungen einbezieht wie auch die Haltungen einzelner Individuen und diese seine Identität formen. Bei der Identitätsentwicklung ist ein entscheidender Faktor, dass das Individuum die Haltungen Einzelner in Gesellschafts- oder Gruppenhaltungen umorganisiert und diese als Ganzes übernimmt. So übernimmt das Kind z.b. allmählich die sittlichen Normen der Gesellschaft und wird somit zu ihrem Mitglied. In der Entwicklung der Identität des Kindes durchlebt es eine Phase, in der es in alle möglichen Organisationen eintritt, ob von kurzer oder längerer Dauer. Doch allmählich formt sich die Identität und es beginnt einen Standpunkt in seinen Beziehungen zu seinen Gruppen einzunehmen. Ganz besonders gilt dies bei der Herausbildung der ethischen Normen des Kindes.[31]

5.1 Beziehung zwischen Geist und Körper

Den Unterschied zwischen Geist und Körper erklärt Mead folgendermaßen.[32]
Der Geist umfasst die Identität als Mitglied einer rationalen Gemeinschaft. Dem gegenüber steht der Körper als ein physisches Objekt. Also als ein Objekt, auf das man zwar hinweisen kann, dass aber nicht auf einen Reiz reagiert. Trotzdem darf man nicht vergessen, dass der Mensch, wie im vorherigen Kapitel ausgeführt, auch mit Objekten, die außerhalb der Kommunikation stehen, in eine Art gesellschaftliche Beziehung tritt. Bei alten Menschen die mit ihren Gelenken reden wird dies deutlich. Sie behandeln z.B. ihr Knie wie einen Menschen.

---

[31] vgl. Mead S. 280ff

[32] vgl. Mead S. 230

5.2 Gesellschaftliche und individuelle Organisation

Zum Schluss geht Mead noch einmal auf die Entstehung von individueller Organisation (als Geist und Identität) aus der gesellschaftlichen Organisation ein. Er vergleicht die Entstehung der spezifischen Organisation mit dem Entstehen von funktional differenzierten Zellen aus einem biologischen Prozess heraus. Bedeutend wird hier noch einmal der bei Mead oft auftauchende Prozessgedanke. Der gesellschaftliche Prozess verändert nicht nur die Individuen genauso wie auch sie ihn verändern können, sondern er macht sie auch erst möglich.

Nur durch den gesellschaftlichen Prozess, in dem Menschen verantwortlich funktionieren können, ist der Mensch möglich.[33]

Mead betont hier auch noch die Bedeutung der Gesten für den Prozess, vor allen Dingen die Bedeutung der vokalen Geste als signifikantes Symbol. Er schließt hier den begonnen Kreis, indem er darauf verweist, dass die vokale Geste sich aus gesellschaftlichen Beziehungen erst entwickelt. Die Geste, so Mead, existiert nur im Hinblick auf eine Reaktion. Die Geste, hier als vokale Geste oder konkret als Wort, braucht also einen Sinn, der in der Reaktion liegt. Es muss eine grundsätzliche Reaktion oder Haltung auf eine Geste schon gegeben sein. Dies bedeutet jedoch nicht ein reines Reiz (Geste)-Reaktionsschema, sondern dass wir durch eine Geste, die wir in uns hereinnehmen, eine Reaktion, eine Haltung auslösen können, also bestimmte gesellschaftliche Vorstellungen vorhanden sind.

Sprache ist also nicht willkürlich sondern an den gesellschaftlichen Prozess gebunden. Deutlich wird dies meiner Meinung nach auch an der Veränderung der Sprache durch die Veränderung der Gesellschaft. Wörter, die ihre Relevanz verlieren, fallen weg, neue entstehen durch neue Situationen in der Gesellschaft. Bei Naturvölkern lässt sich beobachten, dass sie oftmals für bestimmte Naturphänomene über eine Menge von Begriffen verfügen, die verschiedenste Bedeutungsnuancen aufzeigen. Die Sprache von Industrienationen weißt dafür jedoch nur noch ein Wort auf.

---

[33] Vgl. Mead S. 233

6. „Geist, Identität und Gesellschaft" am Beispiel ehemaliger DDR Bürger

Die oben ausgeführten Theorien können sowohl trockene Wissenschaft als auch die Erfahrung mit einer lebensverändernden Situation sein. Bedenkt man vor allem Meads sozialen Ansatz, so lässt sich folgendes am Beispiel der deutschen Bevölkerung und hier speziell die in der ehemaligen DDR aufgewachsenen Bürger folgendes skizzieren. Etwa ein Fünftel der Bevölkerung der heutigen Bundesrepublik Deutschland lebte und wuchs in der ehemaligen DDR auf. Die Identitätsentwicklung dieser Menschen wurde entscheidend durch die Umstände in dieser Gesellschaft geprägt. Beginnend beim nachahmenden Spiel, wo das Kind die Rollen spielt, die es in seinem Alltag erlebt, bis hin zum letzten Stadium der Entwicklung der Identität, in dem gerade die Rollenübernahme des "ICH" zentral ist. Die Heranwachsenden dieser Gesellschaft übernahmen allmählich die Haltungen, Normen und Werte der Gesellschaft und wurden so ein Teil von ihr. Mit dem Fall der Mauer trat jedoch nicht nur eine politische Situation ein, sondern auch eine psychische. Die Identität war angegriffen, da viele verinnerlichte Haltungen der Gesellschaft, also des "ICH", hinfällig geworden waren. Aus Erfahrungsberichten von Freunden und Bekannten fiel mir auf, dass viele, die noch am Anfang ihrer Entwicklung mit diesen Veränderungen konfrontiert wurden, sich relativ schnell neu orientieren konnten. Sie erforschten die Haltungen der neuen Gesellschaft, ergründeten die für sie neuen Rollen und nahmen sie in sich auf, um schließlich in der neuen Gesellschaft leben zu können. Doch dieser Prozess ist nicht einfach und kann in eine Identitätskrise führen, was bestätigt, dass sich Identität durch Rollenübernahmen, insbesondere der Gesellschaft entwickelt. Anders sah es häufig bei älteren Personen aus, die bereits Jahrzehnte in der DDR gelebt hatten. Sie hatten es bei weitem schwerer mit der Situation, die die Wende mit sich brachte, umzugehen. Ein Zustand, in den sicherlich nicht nur Personen meines Freundeskreises gerieten, war der der Anomie.[34] Psychische und daraus gesundheitliche Probleme entstanden.

---

[34] Der Begriff der Anomie kann folgendermaßen definiert werden. "[1] Zustand der Regellosigkeit bzw. Normlosigkeit... (E. Durkheim). [2] Zusammenbruch der kulturellen Ordnung in Form des Auseinanderklaffens von kulturell vorgegebenen Zielen und Werten einerseits und den sozial erlaubten Möglichkeiten, diese Ziele und Werte zu erreichen andererseits. Die Situation der A. übt auf die Individuen einen Druck zu abweichendem Verhalten aus und wird je nach Anerkennung oder Ablehnung der kulturellen Ziele und Werte oder erlaubten Mittel durch verschiedene Formen der Anpassung bewältigt. (R. K. Merton). [3] Bezeichnung für einen psychologischen Zustand, der vor allem durch Gefühle der Einsamkeit, der Isoliertheit, der Fremdheit, der Orientierungslosigkeit sowie der Macht- und Hilflosigkeit gekennzeichnet ist... (Mc Closky & Schar, 1965; Strole 1956) ..." Fuchs/ Klima/ Lautermann, a.a.O., S. 37f.

Angst vor dem Neuen, Fremden trat auf. Wie waren die Haltungen dieser Gesellschaft und wo lagen die Gefahren und Vorzüge von ihr? Ganz elementare Fragen wie „Was ist richtig und was falsch?" schienen ein unlösbares Problem zu sein. Diese Probleme, die in vielen Familien zu Tage getreten sind, bestätigen umso mehr die Auffassungen von Mead. So wurde für viele der ehemaligen DDR deutlich, wie entscheidend das soziale Umfeld, die Gesellschaft bei der Entwicklung von Identität ist.

6. Fazit

Die Stärken der hier nur sehr grob vorgestellten Theorie liegen auf der Hand. Die Theorie beschreibt die Entwicklung von Menschen zu individuell handelnden und reflexiv denkenden Subjekten. Dies geschieht jedoch nicht wie bei Freud in rein psychologischen Kategorien sondern die Entwicklung wird in Interaktion mit der auf das Subjekt einwirkenden Gesellschaft gesehen. Durch die differenzierte Betrachtung von Interaktionsprozessen bei Mead wird eine genaue Analyse von Interaktionen möglich. Was hierbei vernachlässigt wird, sind, meiner Meinung nach, die Inhalte der Kommunikation. Auch Inhalte können die Subjekte beeinflussen. Nicht nur wie sondern auch was gesagt wird ist von Bedeutung. Ebenso bleibt die Beziehung des Subjekts zu seiner dinglichen Umwelt unbeleuchtet. Ein Individuum entwickelt sich nicht nur aus und in seinen Interaktionsprozessen sondern auch in und durch seine (materielle) Ausstattung.

7. Literaturangaben

- Fuchs, Werner/ Klima, Rolf/ Lautmann, Rüdiger: Lexikon zur Soziologie, Opladen 1973.

- Garz D.: Sozialpsychologische Entwicklungstheorien : von Mead, Piaget und Kohlberg bis zur Gegenwart. Opladen 1989

- Joas, Hans: George Herbert Mead, in: Käsler, Dirk (Hrsg.): Klassiker soziologischen Denkens, Bd. II, München 1978.

- Mead, G.H.: Geist, Identität und Gesellschaft. Frankfurt/M. 1968 (Erstveröffentlichung Chicago 1934)

- Mead, George Herbert: Sozialpsychologie, eingeleitet und herausgegeben von Strauss, Anselm, Neuwied am Rhein/ Berlin 1969.

- Watson J.: Psychology from the standpoint of a behaviorist. London 1994

- Käsler D.: Klassiker der Soziologie. München 2003

- Wenzel, Harald: George Herbert Mead zur Einführung, Hamburg 1990.